Winterliches Filzen

Petra Mogwitz

Material und Anleitung von Seite 1 -

Bärenkopf - Seite 28/29

Impressum:

© 2005 Bücherzauber Verlag GmbH, 41540 Dormagen

ISBN: 3-86545-063-6 Best.-Nr.: 50636

Fotos: Peter Wirtz, Dormagen
Styling: Angelika Nowotny, Agata Franica
Grafik/Zeichnungen: Daria Broda
Lithos: IMS Integrated Media Solutions GmbH, Köln
Layout/Satz/Bildbearbeitung: Andrea Splietker, Köln
Druck: asmuth, Köln ▪ www.asmuth-koeln.de

1. Auflage 2005

Vorwort

Der Winter lädt geradezu ein, dem schönen Hobby „Filzen mit der Nadel" zu frönen. Es lassen sich viele schöne kleine und große Dinge zur Dekoration oder als Geschenk herstellen. Ob Tannenbaumschmuck, Tisch- oder Raumdekoration, Nikolaus, Engel und andere Gesellen warten nur darauf, nachgearbeitet zu werden. Vom Neueinsteiger des Filzens mit der Nadel bis zum Fortgeschrittenen - es ist für jeden etwas dabei. Ich wünsche Ihnen viel Spaß mit diesem tollen Hobby.

Petra Mogwitz

Material & Werkzeug

Heißkleber

Draht

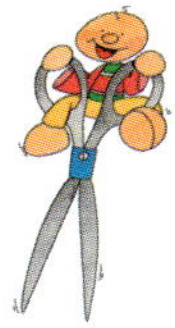
Schere

Stecknadel

Perlen

Zange

Zahnstocher

Nähnadel, Garn

Bastelfarben

Filz

Bänder, Stoffreste

Die Wolle

Die meisten Modelle in diesem Buch sind mit pflanzengefärbter Wolle vom Neuseelandlamm gefertigt. Diese Wolle hat den Vorteil, dass man so gut wie keine Einstechlöcher sieht und sie sich prima filzen lässt. Diese Wolle ist in 33 Farben erhältlich. Alpenwolle ist ebenfalls sehr gut geeignet und in großer Farbauswahl verfügbar.

Die Filznadeln

Die Nadeln haben an ihren Spitzen kleine Widerhaken, die bei mehrfachem Einstechen die Wolle verfilzen. Je öfter man einsticht, desto fester wird das Filzstück. Beim Filzen kleiner Teile oder wenn Kinder mitfilzen, haben sich als Fingerschutz von Daumen und Zeigefinger der haltenden Hand Pflaster oder zwei Fingerhüte bewährt. Kinder bitte nur unter Aufsicht filzen lassen, da die Nadeln äußerst spitz sind. Um ein schnelles Abbrechen der Nadel zu vermeiden, darauf achten, dass die Nadel im gleichen Winkel wie beim Einstechen herausgezogen wird.

Die Filzunterlagen

Sie können als Unterlage einen Schwamm oder eine kleine Styroporplatte nutzen, letztere ist allerdings nicht so praktisch und haltbar. Es gibt spezielle Filzunterlagen, die den Vorteil haben, dass sich das Werkstück nicht daran festfilzt, wie es bei einem Schwamm oder bei Styropor immer wieder vorkommt. Außerdem hat die Unterlage eine gewaffelte Oberfläche, wodurch das Filzstück beim Drehen eine gleichmäßig glatte Oberfläche erhält.

So wird's gemacht!

Kugeln für die Köpfe

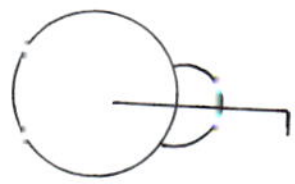

Eine entsprechende Menge Wolle in Kugelform zusammenrollen, auf die Unterlage legen und mit einer Nadel so lange einstechen, bis die gewünschte Festigkeit erreicht ist. Die Kugel für eine gleichmäßige Form immer wieder drehen. Je öfter man einsticht, desto kleiner wird das Filzstück. Bei zu klein geratenen Kugeln eine weitere Schicht Wolle auffilzen. Nun eine kleinere ebenso gefertigte Kugel auf die größere legen und durch beide Kugeln stechen, bis sie miteinander verbunden sind.

Rollen für Arme und Beine

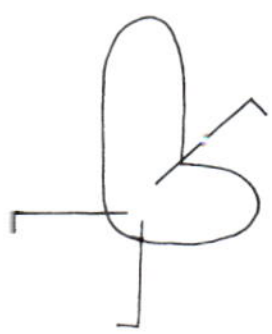

Es ist von Vorteil, die Wolle für die Arme und Beine in je zwei gleich große Mengen aufzuteilen. Die Wolle zu Rollen wickeln und filzen. Bei den Beinen einen Teil der Rolle für die Füße umknicken.

Eiform für den Körper

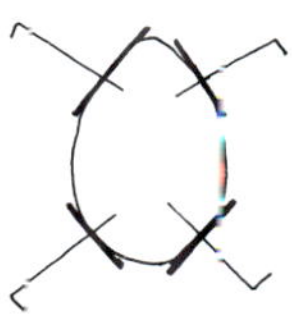

Für den Körper ca. die 2 -2,5 fache Wollmenge des Kopfes in Form bringen und filzen, bis eine Eiform zu erkennen ist. Am Arm- und Beinansatz häufiger einstechen, um eine leichte Abschrägung zu erreichen.

Die Ohren

Eine sehr kleine Wollsträhne zweimal einschlagen, filzen und in der Mitte durchschneiden. So erhält man in einem Arbeitsgang zwei gleichmäßige Ohren. Diese mit der Schnittstelle an den Kopf setzen und mithilfe der Nadel anfilzen.

Arbeiten mit Styroporformen

Ich nehme sehr gerne Styroporformen als Einlage. Sie haben den Vorteil, dass eine nicht unerhebliche Menge Wolle eingespart wird. Etwas Wolle über die Styroporform legen und mit der Filznadel anstechen. Hierbei nicht so stark einstechen. Die Wolle hat sich nach kürzester Zeit mit der Form verbunden.

Kantenstück

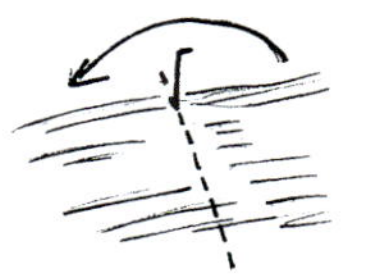

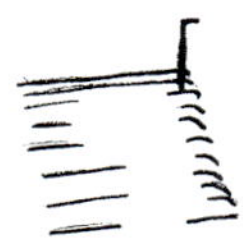

Kantenstücke kommen bei Kleidung, Rüschen oder Falten zum Einsatz. Die Wolle in Längs- und Querrichtung auf einen größeren Schwamm oder Schaumstoff legen und eine Linie in gewünschter Form nadeln. Anschließend eine Wollseite über die gefilzte Linie legen und alles festfilzen. Das Werkstück vorsichtig von der Unterlage abziehen und wieder filzen. Diesen Vorgang mehrmals wiederholen und laut jeweiliger Modellanleitung weiterarbeiten.

Gezwitscher am Futterplatz

Material
- Wolle: beige, gelb, blau, schwarz, grau, orange, weiß
- schwarze Indianerperlen
- grauer Draht

Für den Körper laut Vorlagenbogen eine Rolle filzen und die Schwanzseite schmal zulaufend arbeiten. Filzen Sie für den Kopf eine Kugel und nadeln diese an den Körper. Den Übergang mit einer Wollsträhne umwickeln und annadeln. Für den Schwanz und die Flügel Kantenstücke gemäß Vorlagenbogen arbeiten und anfilzen. Eine kleine Wollsträhne um die Filznadel wickeln, abziehen, filzen und als Schnabel annadeln. Beachten Sie bitte den Vorlagenbogen für die entsprechenden Farben und die Federzeichnung. Den Draht für die Beine laut Vorlage biegen, ein Loch in den Vogelrumpf bohren und das Drahtbein mit Heißkleber in die vorgebohrte Öffnung schieben.

Schutzengel

Material
- je 3 Styroporkugeln: Ø 6 cm, Ø 10 cm
- 3 Styroporeier, 6 cm lang
- Wolle: hautfarben, rot, schwarz, dunkelblau
- blaues Satinband, 3 mm breit
- Federflügel, 12 cm breit
- goldene Holzsterne
- Zahnstocher
- Stecknadeln
- Styroporsäge oder sehr scharfes Messer
- bunte Baumwollstoffreste

Engel mit roten Zöpfen

Zu Beginn die kleine Kugel mit hautfarbener Wolle befilzen. Für die Nase eine kleine Kugel arbeiten und annadeln. Die Augen und den Mund mit kleinen Wollsträhnen auffilzen. Nadeln Sie eine dicke rote Wollsträhne am Mittelscheitel als Haare an und binden die Zöpfe locker mit einem blauen Satinband zusammen. Die große Kugel laut Grundanleitung mit dunkelblauer Wolle umfilzen. Anschließend das Styroporei mithilfe einer Säge längs in zwei Hälften teilen und mit schwarzer Wolle benadeln. Einen Zahnstocher zur Hälfte an der Kopfunterseite in die Kugel stechen und die blaue Kugel mit etwas Heißkleber am anderen Ende des Zahnstochers befestigen. Mit den Füßen ebenso verfahren, dabei die dickere Seite der befilzten Eihälfte nach hinten richten. Das Gewand gemäß Vorlagenbogen zuschneiden, nähen und die Armausschnitte einschneiden. Den oberen Saum mit einem reißfesten Faden einkräuseln, dem Engel das Kleidchen vorsichtig anziehen und hinten verknoten. Nun die Arme durch die Ärmelöffnung stecken und mit Heißkleber an die blaue Kugel kleben. Zum Schluss die Flügel mit zwei Stecknadeln durch das Kleidchen an der Styroporkugel befestigen. Sollte der Engel nicht sicher stehen, kann man hinter den Füßen evtl. einen dritten Zahnstocher in der Kugel fixieren. Zum Schluss einen großen Holzstern an die Hand und einen kleineren auf den Scheitel kleben.

Engel mit weißen Haaren

Den Engel wie oben beschrieben arbeiten, die Haare jedoch nicht zu Zöpfen binden, sondern eine kleine Stoffschleife befestigen.

Engel mit schwarzen Haaren

Der Engel wird ebenfalls wie oben beschrieben gearbeitet. Für die Haare eine kürzere Wollsträhne anfilzen und nach Wunsch etwas mit der Schere stutzen. Die Körperkugel mit roter Wolle filzen.

Nikoläuse

Material
- Wolle: rot, beige, weiß, schwarz
- schwarzes Perlgarn
- rote Holzperlen, Ø 4 mm
- roter Filz
- rotes Garn
- reißfestes Garn
- schwarze Bastelfarbe
- Klebestift

Für den Kopf eine beige, 2,5 cm große Kugel, für den Körper eine rote Kugel von 4 cm Größe und für die Füße zwei schwarze, 1,5 cm große Kugeln filzen. Nutzen Sie für den Mützenbommel eine kleine, 1,5 cm große gefilzte Kugel. Nun mit reißfestem Garn durch den Körper stechen, die Kopfkugel auffädeln und wieder zurückstechen. Den Faden etwas anziehen, verknoten, die Enden einziehen und abschneiden.

Eine rote Holzperle als Nase annähen und mit schwarzer Bastelfarbe die Augen aufmalen. Anschließend die Mütze gemäß Vorlagenbogen zuschneiden und die Naht zusammenkleben. Dem Nikolaus die Mütze aufsetzen, mit rotem Garn anheften und einen Aufhänger anbringen.

Aus der weißen Wolle eine feine Strähne um die Mütze und den Bauch legen und anfilzen. Den Bart annadeln und den Bommel an die Mütze nähen. Eine schwarze Kugel auf schwarzes Perlgarn fädeln, vernähen und durch den Körper stechen. Mit der anderen Seite ebenso verfahren. Fertig ist der kleine Nikolaus.

Kommt, wir bauen einen Schneemann

Kleiner Schneemann

Material
- je 1 Styroporkugel, Ø 10 cm und Ø 15 cm teilbar
- Wolle: naturweiß, hellorange, dunkelorange, schwarz
- Besen, 17 cm
- verschiedene Winterblumen-Picks mit Kunstschnee
- Granulat oder Reis
- Zahnstocher
- Zange
- Heißklebepistole

Den Schneemann wie beim großen Schneemann beschrieben arbeiten. Für die Dekoration von einem Pick die Blätter und Beeren abknipsen und diese mit Heißkleber auf den Kopf kleben. Einen weiteren Pick seitlich vor dem Bauch anbringen und den Besen am Bauch und Arm ankleben.

Großer Schneemann

Material
- je 1 teilbare Styroporkugel: Ø 15 cm, Ø 30 cm
- Wolle: naturweiß, hellorange, dunkelorange, schwarz
- Besen, 23 cm lang
- mittelblaue Strickwolle
- Granulat oder Reis
- Zahnstocher

Die große Styroporkugel zu einem Drittel mit Granulat oder Reis füllen und mit Heißkleber zusammenkleben. Beide Kugeln mit naturweißer Wolle befilzen. Für die Nase die beiden Orangetöne mischen, keilförmig aufrollen, filzen und an den Kopf nadeln. Eine schwarze Wollsträhne für die Augen radförmig aufwickeln und anfilzen. Drei Zahnstocher zur Hälfte in die Kopfkugel stechen und mit Heißkleber fixieren. Den Kleber ebenfalls auf die Halsseite auftragen und die anderen Hälften in die Körperkugel pieksen. Beide Kugeln einen Moment zusammendrücken. Für die Knöpfe schwarze Wolle zu Kugeln aufrollen und annadeln. Als Arme naturweiße Wolle zu dickeren Rollen aufwickeln, filzen, am Oberarm etwas abflachen und mit Zahnstochern und Heißkleber am Körper anbringen. Stricken Sie aus blauer Wolle eine Mütze und einen Schal. Den Schneemann damit einkleiden, etwas schütteln, um einen geraden Stand zu gewähren und den Besen dazustellen.

Hurra, es hat geschneit!

Schneeflocke

Material
- ☆ Wolle: weiß, hautfarben
- ☆ Bastelfarbe: schwarz, rot
- ☆ weiße Feder
- ☆ Klebestift
- ☆ weißes Nähgarn
- ☆ weißer Filz
- ☆ Silberglitter
- ☆ rosa Lidschatten

Zu Beginn eine 2,5 cm große, hautfarbene Kugel und eine weiße Kugel mit einem Durchmesser von 4 cm filzen. Bei der kleinen Kugel eine weiße Strähne als Mütze über den Kopf legen und anfilzen. Mit weißem Nähgarn durch den Körper stechen, den Kopf auffädeln und wieder zurückfädeln. Verknoten Sie den Faden und ziehen die Enden ein.

Nun laut Vorlagenbogen kleine Flügel aus weißem Filz zuschneiden und mit Silberglitter verzieren. Die Flügel mithilfe eines Klebestiftes am Körper befestigen. Eine Feder auf den Kopf kleben und mit Bastelfarbe die Augen und einen Mund aufmalen. Die Bäckchen mit rosa Lidschatten hervorheben. Zum Schluss einen Aufhänger aus weißem Garn einziehen.

Kerzenständer

Material
- Wolle: rot, dunkelgrün, gelb, orange, weiß, mittelbraun, schwarz, dunkelbraun
- dunkelbrauner Chenilledraht
- 4 schwarze Indianerperlen, Ø 2,3 mm
- Satinband, 3 mm breit: rot, grün
- schwarze Bastelfarbe
- Zahnstocher

Kerzen
Zunächst die rote Wolle fest aufwickeln und zu einer 5 cm hohen und 4 cm dicken Rolle filzen. In das obere Ende eine Vertiefung filzen und einen schmalen höheren Rand stehen lassen. Die Flamme aus gelber Wolle arbeiten. Hierfür die Wolle keilförmig aufrollen und nadeln. Am unteren Ende der Flamme etwas Orange auffilzen. Ein Stück Zahnstocher abbrechen und mit schwarzer Bastelfarbe anmalen. In die Kerze und die Flamme ein Loch bohren und den Zahnstocher mit Heißkleber einkleben. Bei den weiteren Kerzen ebenso verfahren.

Päckchen
Die Päckchen aus roter und grüner Wolle gemäß Vorlagenbogen filzen. Dazu die Wolle zu einer Rolle aufwickeln und eine Päckchenseite nadeln. Anschließend die Rolle um 90° drehen und die nächste Seite nadeln. So weiterarbeiten bis alle sechs Seiten plan gefilzt sind. Zuletzt ein Satinband um die Päckchen binden.

Elche
Die Körperteile der Elche gemäß Vorlagenbogen arbeiten. Für den Kopf ein Oval und eine Kugel filzen und diese zusammennadeln. Die restlichen Körperteile laut Grundanleitung von Seite 4-5 filzen. Zum Befestigen des Kopfes reißfestes Garn mithilfe einer Nadel von unten nach oben durch den Rumpf führen, den Kopf auffädeln und das Garn wieder zum unteren Rumpfende zurückführen. Die Fadenenden anziehen, verknoten, vernähen und abschneiden. Nun die Arme, Beine und Ohren anfilzen. Als Augen Indianerperlen annähen und die Nüstern aus sehr kleinen Wollsträhnen aufnadeln. Das Geweih laut Vorlagenbogen aus braunem Chenilledraht biegen, auf dem Kopf positionieren, eine Wollsträhne darüber legen und festfilzen.

Tannenbaum
Für den Tannenbaum die dunkelgrüne Wolle keilförmig aufrollen und leicht anfilzen. Die Konturen gemäß Vorlagenbogen einfilzen. Dadurch verfestigt sich automatisch die restliche Wolle. Die Tannenbaumspitze spitz ausarbeiten und den Boden schön plan filzen.

Stiefel
Mit roter Wolle laut Grundanleitung „Beine“ arbeiten. Für die Stiefelöffnung eine Vertiefung filzen und einen schmalen höheren Rand stehen lassen. Als Fellbesatz eine dünne weiße Wollsträhne auffilzen.

Die einzelnen Teile auf einem Kerzenständer oder einem Friesenbaum anordnen und mit Heißkleber befestigen.

Himmelskapelle

Material
- Wolle: weiß, hautfarben
- Bastelfarbe: schwarz, rot
- goldene Federflügel, 5 cm breit
- goldenes Sternenband
- weißes Garn
- verschiedene Musikinstrumente
- rosa Lidschatten

Die Einzelteile der Engelchen laut Vorlagenbogen filzen und die Köpfe mit reißfestem Garn an die Körper nähen. Dazu das Garn von unten nach oben durch die Körper führen, die Köpfe jeweils auffädeln und das Garn zurückfädeln. Die Fadenenden vernähen und abschneiden. Nun die Arme und Beine anfilzen. Als Haare weiße Wollsträhnen am Mittelscheitel festnadeln und das Sternenband um die Köpfchen legen. Die Engelchen mittels Heißkleber mit Flügeln und Musikinstrumenten bestücken. Nun die Augen und Münder mit den Bastelfarben aufmalen und die Wangen mit rosa Lidschatten auftupfen. Abschließend Anhänger aus weißem Garn anbringen.

Heute kommt der Nikolaus

Material

- Wolle: beige, dunkelrot, dunkelgrün, schwarz
- naturweiße Lockenwolle
- Kunstfell
- Naturkordel
- reißfestes Garn
- Brille
- je 2 Messingglocken: Ø 1,5 cm, Ø 1 cm, Ø 0,7 cm
- rosa Lidschatten
- lange Puppennadel
- Puppenständer

Die Körperteile laut Grundanleitung von Seite 4-5 arbeiten. Für die Maße der einzelnen Teile bitte den Vorlagenbogen beachten. Die beige Wolle für den Kopf zu einem Oval wickeln und filzen. Eine kleine Kugel als Nase filzen und annadeln.

Die weiße Lockenwolle für die Haare, den Bart und die Augenbrauen nutzen und anfilzen. Nun die Augen laut Vorlagenbogen mit feinen schwarzen Wollsträhnen auffilzen und die Wangen sowie die Nase mit rosa Lidschatten betonen. Die Mütze gemäß Grundanleitung als Kantenstück arbeiten und laut Vorlagenbogen ausschneiden. Zuvor die Maße bitte mit dem Kopfumfang Ihres Nikolaus vergleichen. Die hintere Naht zusammennadeln und die Mütze auf dem Kopf festfilzen. Die Mütze in Form legen und die so entstandenen Falten festfilzen und evtl. vertiefen. Verzieren Sie die Mütze am Rand mit schmalen Kunstfellstreifen und einem Bommel ebenfalls aus Kunstfell.

Anschließend den Rumpf aus dunkelroter Wolle fertigen. Über das untere Rumpfteil dunkelgrüne Wolle legen und annadeln. Die Arme komplett in Dunkelrot arbeiten und zum Schluss Handschuhe aus schwarzer Wolle anfilzen. Den Farbübergang mit Fellstreifen kaschieren.

Die Beine aus dunkelgrüner Wolle gestalten. Das Fußteil des Stiefels separat als Oval mit schwarzer Wolle arbeiten, anschließend an das Bein filzen und den Stiefelschaft mit schwarzer Wolle aufnadeln.

Zum Befestigen des Kopfes eine Nadel mit reißfestem Garn unten in den Rumpf stechen und am Hals herausführen. Den Kopf auffädeln und auf dem gleichen Weg zurückfädeln. Die Fadenenden verknoten, vernähen und abschneiden. Filzen Sie nun die Arme und Beine fest. Als Jacke eine dunkelrote Weste als Kantenstück filzen. Die Kante ist hierbei der Jackensaum. Die Weste laut Vorlagenbogen zuschneiden und dünne Fellstreifen als Besatz am Jackenverschluss und Saum annähen.

Die Weste dem Nikolaus überstreifen und an den Achseln und am Halsausschnitt anfilzen. Eine Kordel um den Bauch binden, verknoten und an die Enden Messingglocken nähen. Die Hosenbeine ebenfalls in der Kantenstücktechnik arbeiten, laut Vorlage zuschneiden und anfilzen. Zum Schluss den unteren Hosensaum am Stiefelschaft in Falten legen und diese annadeln.

Material und Anleitung für den Sack auf Seite 22.

Nikolaus-Sack (Abb. S. 21)

Material
- ☆ Wolle: dunkelbeige, mittelblau, rot
- ☆ schwarze Baumwollkordel
- ☆ Satinband, 3 mm breit: rot, mittelblau
- ☆ Klebestift

Die beige Wolle für den Nikolaus-Sack zu einer dicken Rolle aufwickeln und filzen. Die Rolle zusammendrücken und die entstandenen Falten nachfilzen und vertiefen. Die Rolle nach oben etwas verjüngen. Für die Sacköffnung ein Kantenstück arbeiten, zusammenraffen und anfilzen. Am Filzübergang die Kordel umbinden und verknoten. Je ein Päckchen aus roter und mittelblauer Wolle filzen (siehe Anleitung Kerzenständer) und diese laut Abbildung an den Sack nadeln. Die Satinbänder um die Päckchen kleben.

Teddybär (Abb. S. 31)

Material
- ☆ mittelbraune Wolle
- ☆ schwarzes Perlgarn
- ☆ schwarze Holzperlen, Ø 4 mm
- ☆ gelber Stoffrest

Den Bären mit einem Kopfdurchmesser von 4 cm laut Grundanleitung filzen. Für die Augen Holzperlen nutzen und die Nase, das Maul und die Krallen mit schwarzem Perlgarn aufsticken. Nun den Kopf mit reißfestem Garn an den Körper nähen. Die Arme und Beine anfilzen und dem Bären ein gelbes Dreiecktuch umbinden.

Äpfel

Material
- ☆ Wolle: naturweiß, beige, hellgrün, dunkelgrün, gelb, dunkelbraun
- ☆ dunkelbrauner Chenilledraht

Die Apfelformen dem Vorlagenbogen entnehmen und aus weißer Wolle je Apfel eine Kugel filzen. Anschließend mit roter, grüner und gelber Wolle die Schale aufnadeln.

Ein kleines Stück Chenilledraht mit dunkelbrauner Wolle umwickeln, ein Blatt gemäß Vorlage in Kantenstücktechnik filzen und beides an den Apfel nadeln.

Für die Apfelhälfte aus weißer Wolle eine Kugel rollen und filzen. Hierbei das Arbeitsstück aber nicht drehen, sodass eine flache Unterseite entsteht, die anschließend noch festgefilzt wird. Das Kerngehäuse laut Vorlagenbogen mit dünnen Strähnen in der entsprechenden Farbe aufnadeln.

Für das Apfelviertel die Wolle zu einer Rolle aufwickeln und zuerst eine Längskante flach filzen. Dadurch schiebt sich die Wolle wie gewünscht auf die andere Seite. Die typische Apfelscheibenform ist jetzt schon gegeben. Die Enden beide rundfilzen und zum Schluss die Schale und das Kerngehäuse aufnadeln.

Elch-Mama mit Kind

Material
- Wolle: mittelbraun, dunkelbraun, schwarz
- Strickstoff: wollweiß, mittelbraun, dunkelbraun
- karierter Baumwollstoff
- dunkelgrüner Filz
- Füllwatte

Die Körperteile in Form und Größe gemäß Vorlagenbogen fertigen. Für die Elchköpfe jeweils ein Oval und eine Kugel filzen und diese aneinander nadeln. Die Augen aus schwarzer und die Nasenlöcher aus dunkelbrauner Wolle auffilzen. Die Arme, Beine und den Rumpf des kleinen Elchs laut Grundanleitung filzen. In den noch nicht sehr fest gefilzten Fuß die Hufzehen nadeln. Den Körper der Elch-Mama laut Vorlagenbogen aus mittelbraunem Jerseystoff zuschneiden und nähen. Die Halsöffnung dabei offen lassen und mit der Füllwatte ausstopfen.

Anschließend die Halsöffnung mit reißfestem Garn einkräuseln, den Halskeil des Kopfes hineinschieben, ausrichten, fest anziehen und verknoten. Die Endfäden zusätzlich mit dem Hals vernähen und abschneiden. Nähen Sie die Arme und Beine an den Stoffkörper. Das Geweih gemäß Vorlage in Kantenstücktechnik filzen und an den Kopf nadeln.

Die Kleidung laut Vorlagenbogen mit einer Nahtzugabe zuschneiden, nähen und der Elch-Mama anziehen. Als Schal einen Stoffstreifen umbinden. Zum Befestigen des Kopfes des Elchkindes reißfestes Garn mithilfe einer Nadel durch den Körper stechen, den Kopf auffädeln und das Garn wieder auf gleichem Wege zurückfädeln. Die beiden Fadenenden anziehen, verknoten, vernähen und abschneiden. Die Arme, Beine und Ohren anfilzen. Den kleinen Elch wärmen ein Schal aus grünem Filz und die Arme der Mama.

Walnuss-Wiegen

Material

- ☆ Walnusshälften
- ☆ naturweiße Wolle
- ☆ Bastelfarbe: blau, rot
- ☆ braune Holzperlen, Ø10 mm
- ☆ verschiedene Farben Satinband, 3 mm breit
- ☆ verschiedene Baumwollreste
- ☆ etwas Watte
- ☆ rosa Lidschatten

Für die Köpfe aus weißer Wolle 1,3 cm große Kugeln filzen und mit Bastelfarbe die Augen und den Mund aufmalen. Den Baumwollstoff an den Kanten einschlagen, etwas Watte einwickeln, das Ganze in die Walnusshälften drücken und evtl. einkleben. Die Köpfchen jeweils in den oberen Nusshälften einkleben und die Wangen mit Lidschatten betonen. Um die Walnusshälften mit Heißkleber Satinbänder kleben, auf beide Bandenden Holzperlen fädeln und die Enden zu Schleifen binden.

Winterlicher Haustürgruß

Material
- teilbare Styroporkugel, Ø 25 cm
- Styroporplatte, 2 cm dick
- Wolle: dunkelbeige, schwarz
- Minitannengirlande
- Perlendrahtband
- karierter Baumwollstoff
- Messingglocken: 3 x Ø 35 mm, 1 x Ø 15 mm
- Satinband, 3 mm breit: rot, dunkelrot, dunkelgrün
- beiger Filz
- Bildaufhänger
- Blumen-Steckkrampen

Eine halbe Styroporkugel mit der Nahtstelle auf die Styroporplatte legen, den Umriss aufzeichnen und mithilfe einer Styroporsäge oder eines scharfen Messers ausschneiden. Die abstehende Nahtkante an der Kugel ebenfalls abschneiden. Den zugeschnittenen Deckel mit Heißkleber an die Kugel kleben und diese laut Grundanleitung mit beiger Wolle befilzen.

Für die Bärenschnauze eine Wollkugel aufrollen, filzen und an den Kopf nadeln. Dabei auf einen schönen Übergang von der Schnauze zum Kopf achten. Die Ohren mit einem Durchmesser von 10 cm filzen, zum Ermitteln der richtigen Position mit Stecknadeln an den Kopf stecken und annadeln. Filzen Sie aus schwarzer Wolle die Nase, das Maul und die Augen auf.

Nun die Tannengirlande doppelt legen, mit dem Perlendrahtband umwickeln, um die Stirn legen und mit Steckkrampen befestigen. Für die Schleife ein 35 x 40 cm großes Rechteck zuschneiden, doppelt legen und abnähen. Dabei eine kleine Öffnung lassen und das Ganze verstürzen. Nun die Öffnung schließen, die Schleife in der Mitte zusammenraffen und mit den Satinbändern abbinden.

Die Glöckchen an die Bänder knoten und die Enden schräg abschneiden. Befestigen Sie die Schleife mithilfe der Krampen am Kopf und nutzen zum zusätzlichen Fixieren Heißkleber. Zum Schluss beigen Filz für die Kopfrückseite zuschneiden, festkleben und den Bildaufhänger mit Heißkleber anbringen.

Bärenengel

Herz-Engel

Material
- Styroporkugel, Ø 8 cm
- Styroporkegel, 20 cm hoch
- Styroporei, 6 cm lang
- Wolle: beige, dunkelgrün, schwarz
- schwarzes Perlgarn
- Holzstab, Ø 10 mm
- grüner Baumwollstoff
- grünweiß kariertes Band
- rotes Satinband
- roter Filz
- rotes Kunststoffherz, 2,5 cm breit
- Federflügel, 17 cm breit
- Stecknadeln mit roten Köpfen
- Zahnstocher

Den Engel wie rechts beschrieben fertigen. Im unteren Bereich rote Filzherzen an das grüne Kleid kleben. Die Schuhe ebenfalls grün befilzen. Als Stirn- und Halsband ein grünweiß kariertes Schleifenband nutzen. Kleben Sie ein rotes Kunststoffherz mittig auf das Stirnband und nadeln einige beige Wollsträhnen an den Kopf.

Engel mit Tasche

Material
- Styroporkugel, Ø 8 cm
- Styroporkegel, 20 cm hoch
- Styroporei, 6 cm lang
- Wolle: mittelbraun, schwarz
- schwarzes Perlgarn
- Holzstab, Ø 10 mm
- Satinband, 3 mm breit: rot, mittelblau
- Filz: rot, mittelblau
- Stecknadeln mit roten Köpfen
- rotweiß karierter Baumwollstoff
- weiße Spitze
- kleine Klammer mit Herz
- Zahnstocher
- Mini-Efeugirlande

Die Kugel mit der Wolle befilzen. Eine weitere kleine Kugel für die Schnauze arbeiten, annadeln und mit schwarzer Wolle die Augen, die Nase und das Maul auffilzen.

Die Ohren laut Grundanleitung arbeiten und festnadeln. Einen Zahnstocher zur Hälfte in den Kopf stecken, den Hals mit Heißkleber bestreichen und die andere Hälfte des Zahnstochers in die Kegelspitze stechen und zusammendrücken. Die Unterseite des Kegels mit dem Baumwollstoff bekleben, wobei die Stoffränder noch über die Kegelseiten geführt werden.

Für die Füße das Styroporei mit einer Säge in zwei Hälften teilen und schwarz befilzen. Nun vorsichtig Löcher in die Fußhälften und die Kegelunterseite bohren und mit Heißkleber als Beine zwei 9 cm lange Holzstäbchen einkleben. Binden Sie kleine rote Satinschleifen und befestigen diese mit Stecknadeln an den Schuhen.

Aus brauner Wolle zwei 11 x 4 cm große Rollen filzen und mit schwarzem Perlgarn Krallen aufsticken. Anschließend den Baumwollstoff 44 cm breit und 22 cm hoch zuzüglich Nahtzugabe zuschneiden. Einen Saum nähen, die Naht schließen und das Kleid über den Kegel ziehen. Die Oberkante mit reißfestem Garn einkräuseln, verknoten und mit weißer Spitze verzieren. Kleben Sie eine Mini-Efeugirlande um den Kopf und fixieren zwei kleine rote Filzschleifchen mit Stecknadeln.

Die Flügel laut Vorlagenbogen doppelt aus rotem Filz zuschneiden, zusammenkleben und mit Nadeln am Rücken feststecken. Die Arme ausrichten und mit Heißkleber befestigen.

Eine Tasche aus einem 10 x 5 cm großen mittelblauem Filzstück zusammennähen und ein blaues Satinband annähen. Schließen Sie die Tasche mit einer kleinen Klammer, kleben ein rotes Filzherz auf und hängen sie dem Engel diagonal über eine Schulter.

Anleitung für den kleinen Bären ist auf Seite 22.

Kleine Engel

Material

- Wolle: beige, hellgelb, apricot, mittelblau, grün
- schwarze Bastelfarbe
- weißer Filz

Filzen Sie aus beiger Wolle 2,5 cm große Köpfe und 1 cm große Kugeln als Hände. Für das Kleid die Wolle in gewünschter Farbe keilförmig aufrollen und nur den oberen Bereich filzen. Der Rock bleibt dadurch weich und bauschig. Nun jeweils die Köpfe und Arme anfilzen. Als Haare hellgelbe Wollsträhnen am Mittelscheitel festnadeln. Malen Sie die Augen mit schwarzer Bastelfarbe auf. Zum Schluss Flügel aus weißem Filz laut Vorlagenbogen zuschneiden und mittels Heißkleber befestigen.